F. HENNEQUIN

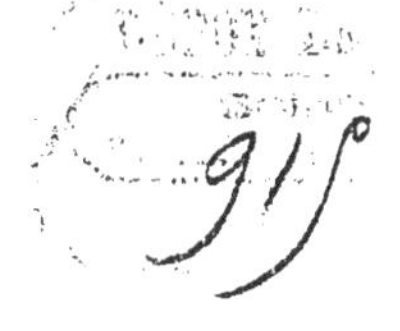

Du Régime de la Presse pendant la Guerre

Extrait de la « Revue pénitentiaire et de Droit pénal » de mars-avril 1916

PARIS
IMPRIMERIE ET LIBRAIRIE CENTRALES DES CHEMINS DE FER
IMPRIMERIE CHAIX
SOCIÉTÉ ANONYME AU CAPITAL DE TROIS MILLIONS
Rue Bergère, 20
1916

F. HENNEQUIN

Du Régime de la Presse pendant la Guerre

Extrait de la « Revue pénitentiaire et de Droit pénal » de mars-avril 1916

PARIS
IMPRIMERIE ET LIBRAIRIE CENTRALES DES CHEMINS DE FER
IMPRIMERIE CHAIX
SOCIÉTÉ ANONYME AU CAPITAL DE TROIS MILLIONS
Rue Bergère, 20
1916

Du régime de la presse pendant la guerre

Le régime auquel a été assujettie la presse depuis le début de la guerre, a soulevé maintes fois les plus vives récriminations et, finalement, motivé une proposition de loi déposée à la Chambre des députés et discutée dans les séances des 21 et 25 janvier 1916.

Bien que la discussion ne soit peut-être pas close, puisque la Chambre s'est bornée à renvoyer la proposition de loi à la commission compétente, — dans l'espèce, la Commission de la législation civile et criminelle, — il a paru qu'il ne serait pas sans intérêt de tenter un exposé de la question et des arguments invoqués, de part et d'autre, en faveur de la liberté de la presse ou de sa restriction, et pour combattre les mesures appliquées aux journaux ainsi qu'aux autres publications ou en soutenir la légalité. Il est à peine besoin d'observer qu'il ne saurait s'agir ici que d'une étude un peu sommaire ; elle sera autant que possible, sobre de considérations ou de critiques personnelles.

I

Pour bien comprendre la situation contre laquelle la presse s'est si souvent et si énergiquement insurgée et qui a provoqué la proposition initiale de loi de M. le député Paul-Meunier, il est nécessaire de remonter aux premiers jours qui ont suivi le décret du 1er août 1914 prescrivant la mobilisation des armées de terre et de mer et de se reporter à deux textes contenus : l'un, dans le décret du 2 août 1914 ratifié par les Chambres le 4 du même mois; l'autre, dans la loi du 5 août *réprimant les indiscrétions de la presse en temps de guerre.*

Le décret précité du 2 août édictait une mesure d'une importance et d'une gravité considérables; visant les lois du 9 août 1849 et 3 avril 1878, il déclarait en état de siège tous les départements, sans exception, de la France et les trois départements de l'Algérie. De telle sorte que, l'*intégralité* du territoire continental et des départements algériens était placée sous un régime d'exception, dont nous n'avons pas à faire ressortir en ce moment toute l'extrême rigueur, mesure extraordinaire par son étendue et sans précédent dans notre histoire.

Parmi les effets de l'état de siège énoncés dans le chapitre 3 de la loi du 9 août 1849, il convient de signaler particulièrement l'un de ceux qu'indique l'art. 9. Cet article reconnaît à l'autorité militaire le droit notamment : *d'interdire les publications et les réunions qu'elle juge de nature à exciter ou à entretenir le désordre* (n° 4 de l'article). Une semblable disposition fournissait donc, le cas échéant, des armes redoutables contre la presse ; elle mettait entre les mains de l'autorité militaire un pouvoir discrétionnaire d'appréciation et de décision, et un pouvoir de décision exorbitant, en ce sens, qu'il permettait de supprimer purement et simplement des journaux ou autres écrits.

Pourtant, en y regardant de près, on devait être conduit à constater que l'interdiction prévue par cette loi édictée sous l'empire des calamités résultant de l'insurrection de 1848, d'une part constituait un moyen extrême dont l'emploi se conciliait par trop peu avec les mœurs, avec le régime politique et les garanties organisées par la loi du 29 juillet 1881 sur la liberté de la presse ; d'autre part, qu'elle ne sauvegardait même pas tous les intérêts qu'il importait au plus haut point de défendre. Effectivement, par le fait que la loi de 1849 ne s'appliquait qu'à l'état de siège politique, qu'elle n'avait été dirigée que contre les troubles intérieurs, le droit d'interdiction conféré à l'autorité militaire par l'art. 9, § 4, ne visait que les publications jugées « de nature à exciter et à entretenir le désordre », ainsi que le porte le texte législatif. Mais nous entrions en état de guerre, par suite de la déclaration de guerre de l'Allemagne à la France, résultant de la lettre adressée le 3 août 1914 à notre ministre des Affaires étrangères par l'ambassadeur d'Allemagne à Paris, et il importait de se prémunir contre d'autres dangers auxquels, en réalité, la loi de 1849 n'avait pas pour but de parer et ne parait pas, contre un terrible danger dont nous avions cruellement souffert lors de la guerre de 1870 et que nous rappellerons en quelques mots.

Dans son histoire générale de la guerre franco-allemande, couronnée par l'Académie française, le lieutenant-colonel Rousset montre avec précision et d'une façon indiscutable que, grâce en grande partie à des nouvelles inconsidérément données par certains journaux, les projets du maréchal de Mac-Mahon avaient été révélés au maréchal de Moltke et que cette révélation lui avait permis de prendre les mesures qui devaient avoir pour désastreuse conséquence l'anéantissement de l'armée de Châlons. Et il conclut dans les termes suivants : « Il est inutile assurément d'insister plus longtemps sur le rôle fatal de la presse en cette affaire. Les auteurs de cette grave intempérance de plume eussent été certainement les premiers à la maudire, s'ils en avaient pu soupçonner toute la gravité. Mais il faut que la leçon porte ses fruits; la presse fait preuve dans les questions où la Patrie seule est en jeu, d'assez de désintéressement pour sacrifier au salut suprême son désir naturel de paraître bien informée. *Son devoir en temps de guerre est d'être muette, et pas une ligne concernant les opérations ne peut, sans crime, être publiée avant d'avoir été soumise au visa du commandement. La presse, il faut le croire, saura s'imposer d'elle-même cette loi sacrée du silence et abdiquer devant les raisons de salut public le privilège de sa liberté* (1). »

Des vues semblables ou analogues ont été spontanément développées, dès les premiers jours du mois d'août 1914, par certains journaux. « Toute nouvelle publiée sans l'assentiment du Gouvernement et des autorités militaires constituerait une manière de trahison », lisait-on dans une sorte de manifeste sur « le devoir de la Presse française » publié dans l'*Écho de Paris* du 3 août. D'autre part, dans l'*Homme Libre* du 2 août, M. Clémenceau avait signé un article intitulé : « L'état de guerre » et d'où nous extrayons les passages suivants : « Nous ne devons pas revoir les jours où les journalistes... très fiers d'avoir conquis une information juste ou fausse, se trouvaient souvent, sans l'avoir voulu, renseigner l'assiégeant. Ces opérations ne peuvent être autorisées... *A mon avis, le Gouvernement devrait chaque jour publier un bulletin détaillé absolument véridique pour le bien et pour le mal avec les commentaires qu'il lui plairait.* En dehors de cela, rien sur les événements de la guerre, que la liberté des appréciations même sur des faits d'ordre militaire. Pour les contrevenants, la suspension. »

Le Gouvernement ne pouvait avoir oublié les douloureuses leçons du passé, et au moment de la déclaration de guerre, il devait inévitablement rechercher en toute hâte si la législation existante permettait de prendre, au regard de la presse, toutes les mesures commandées par la défense nationale et, dans la négative, les édicter sans délai. C'est ce qu'il fit, en élaborant un projet de loi auquel il donna le titre de projet *tendant à réprimer les indiscrétions de la presse en temps de guerre,* déposé le 4 août 1914 et qui est devenu la loi du 5 août.

Cette loi n'est pas entrée dans la voie de la censure préalable, comme le préconisait le colonel Rousset; elle n'organise pas de moyens préventifs, elle se borne à réprimer sévèrement les infractions commises et par des sanctions pénales d'emprisonnement et d'amende (1 à 5 ans de prison et amende de 1.000 à 5.000 francs) qu'elle entend

(1) *Histoire générale de la guerre franco-allemande*, T. II de l'édition de 1900. L. IV, ch. 2, p. 187.

substituer, en somme, à la mesure de l'interdiction prévue par l'art. 9 de la loi de 1849, ainsi qu'il résulte de l'exposé des motifs. Cet exposé, en effet, en rappelant le texte du § 4 dudit art. 9 et en établissant ainsi, d'une manière peut-être contestable, un lien entre les deux lois, ajoute aussitôt : « mais sans aller à ce moyen extrême (l'interdiction), il est nécessaire de réprimer... ». Qu'est-ce donc que cette loi du 5 août se proposait d'empêcher, d'interdire et d'ériger en délit? Des communications que, malgré les enseignements de 1870, ni le Code pénal, ni la loi du 29 juillet 1881 sur la presse, ni la loi du 18 avril 1886 sur l'espionnage n'avaient prévues, c'est-à-dire « la publication d'informations ou articles concernant les opérations militaires ou diplomatiques de nature à favoriser l'ennemi et à exercer une influence fâcheuse sur l'esprit de l'armée et des populations » ; et la publication non seulement par la presse, mais par tous les moyens énoncés à l'art. 23 de la loi de 1881, qui vise notamment « les écrits, les imprimés vendus ou distribués, mis en vente ou exposés dans les lieux ou réunions publics, par des placards ou affiches exposés au regard du public ».

De plus, en ce qui touche certains points spécifiés par la loi, tels que : les opérations de la mobilisation et du transport des troupes et du matériel, les effectifs de diverses catégories, la composition des corps, la situation sanitaire, les emplacements et mouvements des armées, etc., la loi défend expressément de publier des informations ou renseignements *autres que ceux qui seraient communiqués par le gouvernement et le commandement.* C'est, comme on le voit, la suggestion ci-dessus rappelée de M. Clemenceau qui est adoptée par la loi; mais, dès la première heure, le Gouvernement a réservé son entière liberté quant à la divulgation des événements de la guerre et n'a pas voulu s'engager à porter à la connaissance du public par la voie des communiqués tous ces événements heureux ou malheureux.

Voilà donc les textes auxquels l'autorité gouvernementale estimait pouvoir recourir pour la défense des graves intérêts dont il a la garde et pour lui permettre de sévir contre les publications de toute nature qui auraient excédé les limites de la liberté encore permise sous le régime rigoureux institué par le décret du 2 août 1914 et la loi du 5 août.

Dans le système de cette dernière loi sur les indiscrétions de la presse, comme dans la loi de 1849 sur l'état de siège, l'instrument auquel le législateur a recours est, ainsi que nous l'avons dit, la répression, à l'exclusion de la censure préalable, de cette censure si énergiquement flétrie dans le passé, « qui ne sera jamais rétablie » proclamait l'art. 7 de la charte constitutionnelle du 14 août 1830 et dont la résurrection légale heurtait par trop les textes (art. 1 et 5) et l'esprit de la loi de 1881, véritable charte, elle aussi, de la presse (1).

Cependant, à ne s'en tenir qu'au texte de la loi du 5 août, il était permis de douter de son efficacité et de contester qu'elle dût atteindre sûrement le but essentiel, qui était de mettre absolument obstacle à la publication d'une information susceptible de compromettre la défense nationale. D'un autre côté, malgré toute la prudence et la circonspection apportées, la presse, pour ne parler que d'elle, dans des matières aussi complexes et aussi délicates, se trouvait exposée malgré tout à nuire, en publiant des articles présumés inoffensifs, mais que l'autorité compétente, mieux informée, aurait jugés « de nature à favoriser l'ennemi et à exercer une influence fâcheuse sur l'esprit de l'armée et de la population », suivant les termes très élastiques de l'art. 1er, § 2, et à encourir, par suite, des pénalités fort élevées. Pour ces diverses raisons, semble-t-il, les intéressés jugèrent dangereuse à tous les points de vue la conception gouvernementale ratifiée sans débats par le Parlement, et ils négocièrent avec le Cabinet, à l'effet d'obtenir de lui qu'il substituât à la loi répressive un autre régime à caractère préventif, résidant dans l'examen préalable des « morasses » que les journaux soumettraient à l'examen du bureau de la presse. C'est ce *modus vivendi* qui a été adopté d'un commun accord, dès le lendemain de la loi du 5 août.

II

Une complète entente existait entre le Gouvernement et la presse; de part et d'autre on se montrait résolu à agir de concert, à vivre en bonne intelligence et pour y parvenir comme pour maintenir une union si désirable, le ministre de la Guerre prit, à la date du

---

(1) Dès le jour du vote de la loi sur les indiscrétions de la presse (4 août), le ministère de la Guerre adressait aux journaux un communiqué dans lequel il était dit « que les directeurs des diverses publications quotidiennes et périodiques devaient faire remettre au ministère de la Guerre (bureau de la presse) les épreuves définitives de chaque numéro, aussitôt que la dernière page aura été composée ».

Le communiqué ajoutait : « Le journal ou la publication intéressée sera d'ailleurs libre de procéder au tirage et à la vente sans autre formalité. Mais il s'exposerait à la saisie immédiate si l'examen de l'épreuve permettait de constater l'insertion d'une nouvelle militaire quelconque qui n'ait pas été communiquée par les soins du bureau de la presse du ministère de la Guerre. » Ces prescriptions, très justifiées d'ailleurs, se rapprochaient beaucoup du dépôt aux parquets des journaux ou écrits périodiques imposé par l'art. 10 de la loi du 29 juillet 1881. On peut se demander pour quel motif elles n'ont pas fait l'objet d'une disposition spéciale dans la loi du 5 août.

12 août 1914, un arrêté inséré au *Journal officiel* du lendemain, constituant une commission à l'effet, porte l'arrêté, « de représenter les journaux de Paris et des départements en vue de lui signaler (au ministre de la Guerre) et à lui transmettre leurs vœux légitimes, notamment en ce qui concerne leur collaboration à l'œuvre de défense nationale et les moyens pratiques pour rendre cette collaboration le plus efficace possible ». Cette commission, où tous les partis et opinions avaient des représentants, comptait 45 membres choisis parmi neuf associations ou groupements de presse. On pouvait donc espérer que dans de pareilles dispositions d'esprit et grâce aux mesures prises, les conflits seraient évités ou facilement apaisés. Les faits ont démenti à un point extraordinaire ces prévisions optimistes, et les conflits n'ont pas tardé à naître, à se multiplier à l'infini et à prendre une acuité sans cesse grandissante jusqu'à l'avènement, au mois de novembre 1915, du ministère actuel.

La principale raison de cette situation et de l'exaspération de la presse provenait surtout de ce fait que, très vite, le contrôle qu'avaient accepté et même réclamé les journalistes touchant les informations d'ordre diplomatique et militaire visées par la loi du 5 août 1914, s'était étendu à d'autres objets, apportant ainsi à la liberté de la presse une restriction dépassant de beaucoup les limites prévues et consenties. On ne peut montrer ici par des indications détaillées, l'évolution rapide de la censure dans cette voie. Aussi bien, il suffira pour cela de rappeler que, dès le 13 septembre 1914, un journal de province était suspendu pour un mois, réduit ensuite à quinze jours, en raison de l'insertion d'un article défavorable à un ministre (1), et qu'un grand journal de Paris (2) publiait dès le 18 du même mois, sous la signature de son éminent rédacteur en chef, un article consacré à la « censure politique » portant ce qui suit : « Ce serait une fâcheuse erreur de corser la censure militaire d'une autre censure spécialement politique, ayant pour objet de limiter les discussions de la presse sur les affaires publiques ainsi que sur les actes et les paroles du gouvernement, quand bien même ils n'auraient pas de rapport avec les choses de l'armée ». Si nous ajoutons que dans le même temps, le groupe des députés de la Seine s'était montré ému « de l'extension progres-

(1) Le 29 du même mois, le ministre de la Guerre suspendait aussi et pour huit jours l'*Homme libre* qui, contre le gré de la censure, avait publié un article de M. Clemenceau. Il est vrai de dire que celui-ci, dès le lendemain même de la suspension, faisait paraître un nouveau journal auquel il donnait le titre de l'*Homme enchaîné*.

(2) *Figaro* du 18 septembre 1914.

sive des attributions de la censure aux questions politiques et administratives », nous aurons suffisamment établi l'orientation de ce service contre lequel la presse commence à protester.

Loin de modifier cette orientation, la censure l'accentue plutôt, si bien qu'on va entrer dans une première phase de la lutte engagée par la presse contre les rigueurs croissantes des censeurs et pour la conquête d'une plus grande liberté. Nous sommes obligés d'en dire quelques mots, non pas seulement pour corroborer cette assertion, mais aussi et surtout pour mettre en lumière les données du problème qui se dégagent peu à peu des récriminations des journalistes et des déclarations du gouvernement. La phase à laquelle nous faisons allusion, peut être circonscrite entre les premiers jours du mois de novembre 1914 et la fin de janvier 1915, et voici successivement les principaux actes qui la caractérisent.

Tout d'abord, un cahier des doléances de la presse est rédigé et remis au gouvernement par le président du Syndicat de la presse parisienne, démarche qui semble être demeurée sans effet, puisque la même association prend, un mois après (12 décembre), une délibération « contre l'institution d'une censure politique et administrative *contraire à la loi* » (1) et que, d'autre part, une réunion des sénateurs et députés journalistes tenue au Sénat le 17 décembre décide, porte le procès-verbal, « de présenter au président du Conseil une énergique protestation contre le fonctionnement de la censure politique et administrative actuelle, qui crée un régime arbitraire absolument contraire à la loi du 5 août 1914 ». Mais le Syndicat de la presse parisienne est de nouveau intervenu auprès du chef du gouvernement et, si l'on en croit les révélations contenues dans une information de presse (2), celui-ci aurait déclaré qu'à défaut de l'application de la loi du 5 août, il entendait appliquer la loi du 9 août 1849 qui jouerait alors, s'il était fait droit à la demande formulée par la presse. On ne pouvait savoir si cette information traduisait exactement les vues du gouvernement, car le procès-verbal d'une nouvelle réunion au Sénat, le 13 janvier 1915, du groupe interparlementaire des sénateurs et des députés journalistes ne donnait aucune indication à cet égard et se bornait à mentionner le compte rendu fait par le président du syndicat sus-mentionné, de son entretien avec M. Viviani. Dans tous

(1) Délibération visée dans une protestation du même syndicat en date du 5 octobre 1915 et reproduite aux annexes du rapport sur la proposition de loi de M. Paul Meunier relative au régime de la presse en temps de guerre.

(2) Article de M. Clemenceau dans l'*Homme Enchaîné* du 13 janvier 1915.

les cas, le groupe vote cette déclaration que : « tout en acceptant le maintien d'une censure sur les informations diplomatiques et militaires, *les seules visées par la loi du 5 août 1914*, la presse ne saurait être soumise à une censure politique et administrative qui est tout à fait en dehors de la loi ». De son côté le groupe socialiste de la Chambre, réuni pour examiner si l'un de ses membres peut accepter la direction qui lui est offerte du service de censure, proclame également qu'il n'admet la limitation de la liberté de la presse que pour les informations spécifiées par la loi du 5 août.

Enfin le journal le *Temps* publie, le 15 janvier, un article qui précise bien les termes du litige, pose nettement la question de droit et les thèses soutenues par les parties en présence. Nous ne pouvons nous dispenser d'en donner une analyse. La loi du 5 août 1914, est-il exposé, laisse place à la libre critique sur tout ce qui n'est pas d'ordre diplomatique ou militaire. « Signaler des abus n'est pas favoriser l'ennemi, c'est au contraire permettre au pouvoir de parfaire notre organisation défensive. Le gouvernement n'en pense pas ainsi. Il veut supprimer les critiques. » Aux raisons formulées par les journalistes parlementaires à la suite de leurs délibérations, le président du Conseil « a aussitôt brandi sous leurs yeux effarés le glaive de la loi de 1849 », soutenant qu'elle n'était pas abrogée et que par conséquent on pourrait s'en servir. Si l'on s'en servait, ce n'est plus le passage incriminé qui serait supprimé, mais bien, suivant le § 4 de l'art. 9 de la dite loi, le journal lui-même. « Dès lors, aurait dit M. Viviani, la presse doit tolérer la censure comme elle est actuellement pratiquée, si elle ne veut s'exposer aux rigueurs de la loi sur l'état de siège. » Tel était le résultat obtenu après plus de deux mois de lutte et de vives discussions : le gouvernement se montrait irréductible et la presse subissait un échec complet, à telle enseigne qu'au cours du mois suivant, la peine de suppression pour huit jours frappait encore deux journaux, à raison de la publication d'articles purement politiques.

Mais la question allait bientôt être posée devant la Chambre, car le 4 mars 1915, M. le député Paul Meunier déposait inopinément une proposition de loi « *tendant à lever l'état de siège politique déclaré par la loi du 5 août 1914* », loi qui ratifiait le décret du 2 août dont nous avons parlé au début de cette étude (1), et il demandait l'urgence et

(1) Cette loi de ratification porte la même date que celle relative à la répression des indiscrétions de la presse en temps de guerre, ce qui peut amener une confusion. Il convient d'observer d'ailleurs qu'on ne compte pas moins de *dix-huit* lois du 5 août 1914.

la discussion immédiate pour sa proposition (1). En réalité, l'auteur de la proposition voulait tenter d'obtenir du Parlement, ce que le gouvernement s'obstinait à refuser à la presse, et aussi le retour à la juridiction ordinaire. « L'état de siège politique n'a, pour tout dire, exposait-il, que ce double et formidable intérêt : qu'il supprime la liberté de la presse et qu'il livre les citoyens à la justice des tribunaux exceptionnels », et c'est contre ces effets de l'état de siège qu'il proteste.

Il ne paraît pas indispensable de résumer cette discussion, par le motif que la demande de déclaration d'urgence n'ayant pas été maintenue, la proposition fut renvoyée à la Commission de la législation civile et criminelle, et que, d'autre part, nous retrouverons plus amplement développées dans le débat récent des 21 et 25 janvier 1916, les thèses juridiques se rapportant au sujet que nous traitons. Il suffira, pour l'instant, de faire connaître qu'aux critiques dirigées contre un régime proclamé purement arbitraire, pour les raisons déjà exposées par les journalistes, le président du Conseil opposait quelques considérations et arguments sommaires, conformes à ceux rapportés par l'article du journal le *Temps* analysé plus haut. Si l'on ne pouvait appliquer la loi de 1849, que ferait-on quand un journal qui, malgré la loi de 1914 et les usages établis, ne défèrerait pas à l'invitation de supprimer un article? Serait-il possible que le gouvernement fût désarmé et réduit à capituler devant le journaliste récalcitrant? « La vérité, continuait M. Viviani, c'est que je ne suis pas désarmé; que la loi de 1849 reste entre mes mains, et qu'elle n'a pas été abrogée en ce qui touche la presse, comme on l'a prétendu, par la loi de 1881 sur la liberté de la presse. » Enfin il niait l'existence d'une censure politique, soutenant qu'il n'y avait qu'une censure *civile*. En somme, ce court débat n'avait pas projeté

(1) La proposition de loi dont il s'agit n'avait qu'un article très bref semblable au titre dont nous donnons le texte, suivi de l'énumération des 76 départements de la France continentale et des 3 départements algériens qui devaient bénéficier de la levée de l'état de siège.

Bien qu'elle n'ait pas encore abouti, elle n'a peut-être pas été étrangère aux résolutions prises six mois après par le gouvernement. A la date du 1er septembre 1915 le ministre de l'Intérieur, en effet, a adressé aux préfets une circulaire pour leur faire connaître « qu'à dater du 5 du même mois, les préfets et les maires, sur le territoire national situé en dehors de la zone des armées, exerceront librement, comme en temps de paix, toutes les attributions qui leur sont conférées en matière de police et pour le maintien de l'ordre ». Néanmoins, *l'autorité militaire conservait les quatre pouvoirs exceptionnels de police qu'elle tenait de l'art. 9 de la loi de 1849*. (Voir aussi la circulaire en date du 8 septembre 1915, du ministre de la Guerre.)

une lumière bien vive ni nouvelle sur le problème agité depuis longtemps, les divergences de vue subsistaient tout entières et, par suite du renvoi de la proposition à la commission parlementaire, aucun avantage n'était réalisé au profit de la presse.

En considérant les multiples incidents qui se sont produits dans la période suivante de huit mois, qui prend fin avec la constitution d'un nouveau ministère, il serait permis de penser que la proposition de loi dont nous venons de parler, éclose tout à coup et d'une opportunité qui fut contestée, non seulement ne procura aucun profit à la presse, mais aggrava, en fin de compte, sa situation. Loin que la Chambre se soit associée par une manifestation quelconque aux sentiments exprimés par l'auteur de la proposition de loi contre un régime qu'il jugeait exécrable et arbitraire; loin qu'elle eût protesté contre la restriction de la liberté de la presse et la thèse même faiblement développée par le président du Conseil, elle lui donna au contraire l'encouragement qu'impliquent les fréquentes approbations d'un discours couronné, à la fin, par les « vifs applaudissements répétés sur un grand nombre de bancs », suivant la formule que le compte rendu inséré dans le *Journal officiel* emploie, pour attester le succès remporté par un orateur. Le gouvernement pouvait donc, en toute sécurité, persévérer dans la voie qu'il avait suivie, et même y entrer plus avant en se servant avec encore plus de vigueur, s'il le jugeait nécessaire, des armes dont l'emploi n'avait pas été réprouvé par la Chambre. Il ne s'en fit pas faute.

Il serait assez facile de le démontrer par des faits, par les suspensions et saisies des journaux, par les fréquentes suppressions d'articles et de dessins, par les innombrables *échoppages* de la censure qui parsèment bizarrement de taches blanches plus ou moins étendues les feuilles publiques de toute importance et de toutes les opinions. Mais nous ne saurions procéder ici à l'établissement de cet instructif et curieux inventaire, non plus que suivre pas à pas les doléances croissantes de la presse et les polémiques ou discussions d'ordre juridique qui se multiplient. D'ailleurs la situation et l'état des esprits ressortiront avec une suffisante et même très complète évidence de quatre documents intéressants.

Le premier est une pétition du mois d'août 1915, adressée aux Chambres par le journal le *Figaro* (1), pétition signée par les personnalités les plus marquantes du journalisme et à laquelle ont adhéré

(1) Insérée dans le *Figaro* du 25 août 1915 et reproduite aux annexes du rapport de M. Paul Meunier, n° 1399.

postérieurement un grand nombre (456) d'écrivains ou hommes politiques, dont 12 membres de l'Académie française et 26 sénateurs ou députés. Les pétitionnaires se plaignent de l'extension progressive de la censure et exposent que « la presse parlementaire n'a plus le droit de raconter, ni de réfléchir, ni de critiquer; elle a à peine le droit d'approuver ». Puis, après avoir rappelé les principes sur lesquels repose le régime parlementaire : droit de contrôle des représentants de la nation; droit de contrôle de la nation sur ses représentants, ils concluent en demandant que le Parlement intervienne auprès du Gouvernement, pour que la censure administrative et politique restreigne sa rigueur aux seuls intérêts de la défense nationale.

Le second document est une protestation du Syndicat de la presse parisienne « contre la censure politique et les saisies illégales des journaux (1) », elle porte la date du 3 octobre 1915. Cette protestation débute ainsi : « Cinq journaux parisiens, en moins de quinze jours, viennent d'être saisis ou suspendus par ordre du gouvernement » pour avoir publié des informations données par des journaux étrangers circulant en France. Ces faits « aggravent encore la situation faite à la presse française par les illégalités antérieures de la censure ». Puis, le syndicat renouvelle « ses protestations réitérées contre l'exercice abusif et injuste d'une censure gouvernementale qui tend à fausser les directions normales de l'opinion en France et qui s'accentue chaque jour par des violations nouvelles de la loi ». Enfin, la protestation se termine par cette déclaration énergique que la presse française a manifesté sa résolution de ne pas subir plus longtemps la violence à elle imposée par ceux qui abritent l'arbitraire de quelques-uns derrière l'autorité du pouvoir ». Dans le troisième document qui est une protestation du Syndicat de la presse départementale connexe à celle du Syndicat de la presse parisienne, nous relevons ces considérants caractéristiques :

« Considérant que le Syndicat n'a cessé de protester contre la confusion établie, en pratique, contre la censure auxiliaire de la défense nationale et la censure politique et administrative;

» Considérant... qu'il a minutieusement signalé au gouvernement *les abus, les anomalies, les incohérences et l'arbitraire* avec lesquels se trouvent constamment aux prises les journaux de province de leurs centres respectifs (2). »

(1) Annexes du même rapport.

(2) Annexes du rapport de M. Paul Meunier.

Reportons-nous, en dernier lieu, à un article paru dans le *Temps* du 8 octobre 1915, intitulé : « La censure et la loi » ; voici ce qu'on y lit : « La censure prétend étendre sa juridiction préventive sur toute la rédaction des journaux. Articles de doctrine politique, informations parlementaires, faits divers même, rien n'échappe à sa rigueur soupçonneuse... La vérité est que la censure s'est placée au-dessus des lois. La loi du 5 août 1914 n'a pas abrogé celle du 29 juillet 1881 instituant la liberté de la presse et qui a l'importance d'une loi organique. Nous conservons donc, en droit, la liberté d'informer et d'apprécier, mais on nous l'enlève en fait. »

N'avions-nous pas raison de dire que ces documents étaient de nature à édifier pleinement sur les étapes successivement franchies par la censure, depuis la séance de la Chambre du 4 mars 1915, sur les griefs et l'exaspération de la presse que marque avec tant de force le cri de révolte poussé par le sage et prudent Syndicat de la presse parisienne !

Enfin, une demande d'interpellation relativement aux abus de la censure politique et administrative, est déposée au Sénat dans la séance du 28 octobre et la fixation de la date à laquelle elle doit être discutée n'est remise à une date ultérieure, qu'à cause de la crise qui se termina peu de jours après par la constitution d'un ministère élargi, ayant à sa tête M. Briand.

« La première question, disait-on, que le nouveau chef du gouvernement rencontrera sur sa route, et qu'il n'est plus permis d'ignorer ou d'éluder, c'est celle de la censure. » Et l'on parlait de la nécessité d'un concordat, en vantant un profond désir d'apaisement chez le président du Conseil. Rien n'était plus vrai, ainsi qu'en témoigne ce passage de la déclaration ministérielle du 3 novembre 1915 : « Cette haute tenue morale gardée pendant quinze mois, appelle le gouvernement à envisager la question de la censure. Cette question doit recevoir une solution recherchée depuis déjà quelque temps... Le gouvernement, avec la collaboration de la presse, trouvera, pour l'application des lois, des conciliations nécessaires dans une démocratie, entre la liberté et l'autorité. »

III

A toutes ces manifestations provoquées par les agissements du service de la censure, vint s'ajouter dans ce même mois d'octobre, une proposition de loi relative « *au régime de la presse en temps de guerre* », déposée le 13 du dit mois par M. Paul Meunier, avec demande de discussion immédiate.

Elle n'était qu'un démembrement de la proposition tendant à lever l'état de siège politique, renvoyée par la Chambre après la discussion du 4 mars relatée plus haut, à la Commission de la législation civile et criminelle qui, après une longue étude, avait été conduite à reconnaître qu'il convenait d'isoler la question du régime de la presse de celle de l'état de siège, de la traiter à part et de statuer tout d'abord sur elle : c'est ce qui explique le dépôt de cette proposition spéciale que la Chambre renvoya aussitôt et sans débats à la même commission. Le rapport présenté en son nom par M. Paul Meunier, ne tarda pas à être rédigé et fut déposé le 30 octobre, c'est-à-dire avant le remaniement du ministère. Un rapport supplémentaire portant la date du 3 décembre le suivit; il était motivé par certaines modifications que la commission crut devoir faire subir au texte primitif de la proposition de loi, après l'audition du nouveau président du Conseil, afin de donner à celui-ci, dans toute la mesure possible, satisfaction, ainsi qu'aux désirs exprimés depuis le dépôt du premier rapport par les associations de presse. Enfin, à la date du 26 janvier, la commission, dans une annexe au rapport supplémentaire, propose une nouvelle rédaction du texte contenu dans ce rapport, en vue de l'améliorer par des modifications de forme et par un aménagement plus logique des articles, sans toutefois toucher au fond.

Nous avons maintenant à rechercher comment la commission a envisagé la question, quels points de vue elle a adoptés, à quelle solution elle s'est arrêtée. Il ne sera pas nécessaire de s'étendre bien longuement sur ce sujet, après les développements déjà consacrés à la législation appliquée depuis le début de la guerre, au régime conventionnel concerté avec les représentants de la presse, à l'évolution de la censure, aux critiques, aux protestations et aux revendications des journalistes, à la thèse du gouvernement concernant le fondement et l'étendue de ses pouvoirs.

L'idée dominante de la commission, celle qui a inspiré tous ses travaux, est que, dans un régime parlementaire tel que le nôtre, la liberté de la presse s'impose comme une nécessité absolue; que sa suppression détruirait l'équilibre constitutionnel et qu'elle est surtout nécessaire « lorsque les moyens d'action du pouvoir sont plus étendus et ses responsabilités infiniment plus redoutables que dans les temps ordinaires ». Or, la commission n'avait pas eu de peine à réunir en abondance les preuves établissant que l'extension de la censure préventive avait porté une très grave atteinte à cette liberté et à constater qu'il importait, en conséquence, d'aviser d'urgence aux moyens propres à la sauvegarder. Seule une loi était capable de produire ce résultat, et une loi qui, tout en pourvoyant aux exigences de la défense nationale, édicterait les mesures destinées à assurer le respect de cette liberté, mettrait obstacle à tout détournement ou excès de pouvoir, se suffirait à elle-même et constituerait, en définitive, un véritable statut de la presse en temps de guerre.

Cette conception conduisait inévitablement à faire table rase, en abrogeant les textes sur lesquels s'était appuyé le gouvernement pour légitimer ses actes, qui avaient abouti à une restriction jugée intolérable de la liberté de la presse et en substituant même, relativement à la censure, le régime de la loi à celui du contrat, lequel n'offrait aucune sécurité, puisque, lit-on dans le rapport : « ce contrat (passé par la presse au début des hostilités) avait été déchiré par la seule volonté du pouvoir exécutif ». La loi du 5 août 1914, forgée à la hâte, présentant le grave inconvénient de n'être que répressive, et dépourvue de tout caractère préventif, n'atteignait pas le but désirable; mal faite, au surplus, et d'une imprécision dangereuse, elle allait trop loin et devait être complètement remaniée. Quant à la loi du 9 août 1849, elle ne s'adaptait pas à l'état de guerre pour lequel le législateur ne l'avait pas créée, et les armes brutales que son art. 9, § 4, mettait entre les mains de l'autorité militaire contre la presse, dépassaient toute mesure et favorisaient par trop les entreprises du despotisme.

Comment la commission a-t-elle réalisé sa conception? C'est ce que va faire ressortir l'analyse de la proposition de loi issue de ses délibérations.

Tout d'abord, la proposition, s'inspirant de l'art. 10, § 2, de la loi du 29 juillet 1881, impose l'obligation de communiquer à l'autorité publique indiquée par ledit article, c'est-à-dire au ministre de l'Intérieur à Paris et aux préfets dans les départements, et *avant* toute publication, le texte de tout article ou information d'ordre militaire ou diplomatique de chaque feuille ou livraison d'un journal ou écrit périodique. Il est à remarquer que ce dépôt diffère essentiellement des dépôts judiciaire et administratif visés par les deux premiers paragraphes de l'art. 10 de la loi de 1881, qui ne doivent s'effectuer qu'au *moment* de la publication, et qu'il a nettement le caractère préventif qui manquait à la loi du 5 août 1914. Il faut observer aussi que la communication imposée, ne s'applique qu'aux articles d'ordre militaire ou diplomatique et non aux autres articles ou informations, et non au journal ou écrit périodique tout entier.

Aux autorités précédemment mentionnées, ministre et préfets, la loi reconnait un droit d'interdiction, comme le faisait l'art. 9, § 4, de la loi de 1849, au profit de l'autorité militaire, mais expressément limité aux informations du même ordre que ci-dessus, « *qui seraient de nature à nuire à la défense nationale* ». Ici encore, il est apporté de profondes modifications à la loi de 1914. En premier lieu, en effet, il n'est plus question des communiqués gouvernementaux ou militaires prévus par le § 1er de l'art. 1er de cette loi, non plus que de la défense de publier des informations ou renseignements autres que ceux contenus dans le communiqué, sur une foule de points énumérés dans ce paragraphe. D'un autre côté, le droit d'interdiction ne s'étend pas à n'importe quelle information d'ordre militaire ou diplomatique, mais seulement à celles qui pourraient compromettre la défense nationale. Cette condition est formellement exprimée, et ainsi faisant, la commission a restreint au strict nécessaire le pouvoir administratif, éliminant la prohibition imprécise et par trop large de l'art. 1er, § 2, de la loi de 1914 concernant les informations de nature « à exercer une influence fâcheuse sur l'esprit de l'armée et des populations ». Enfin, la proposition de loi renferme, comme on le voit, cette innovation capitale de la consécration légale de la censure. Si la commission s'y est résignée, non sans hésitations, c'est que l'expérience a démontré la nécessité de la censure pendant le temps de guerre et que, d'autre part, il y avait un grand intérêt à la prévoir dans un acte législatif, afin de définir exactement et limitativement son objet et d'exclure, par suite, toute possibilité de censure politique.

Nous signalerons, sans y insister, les dispositions contenues dans les art. 2 et 3 qui ont trait : le premier, à l'interdiction de distribuer un journal ou écrit périodique sans avoir rempli la formalité de la communication préalable de l'article et d'y insérer les informations et renseignements légalement interdits ; le second, au pouvoir conféré au ministre de l'Intérieur d'interdire l'introduction en France, la distribution ou la mise en vente des journaux, brochures, écrits ou dessins de toute nature publiés à l'étranger, mais seulement s'ils rentrent dans la catégorie des publications que l'art. 1er permet d'interdire, ce qui est encore une atténuation de la loi de 1914, laquelle ne subordonnait à aucune condition, l'exercice du pouvoir ministériel.

L'art. 4 mérite de retenir plus longtemps l'attention. Il concerne les pénalités, qu'il organise avec beaucoup plus de précision que la loi de 1914. Les auteurs et complices des infractions aux prescriptions de la loi, c'est-à-dire les personnes responsables aux termes des art. 42, 43 et 44 de la loi du 29 juillet 1881, seront passibles des mêmes peines que celles prévues par la loi de 1914 ; toutefois, la commission s'est montrée moins rigoureuse en accordant au juge la faculté de n'appliquer que l'une des deux peines édictées. Le même article prévoit en outre une peine accessoire, qui est la *suspension* du journal ou écrit périodique, mais cette peine ne pourra être prononcée qu'en cas de récidive par le même journal et dans les cas prévus par l'art. 58 du code pénal, ni pour une durée supérieure à deux mois. Ainsi, il appartiendra à l'autorité judiciaire seule, et dans des conditions bien déterminées, d'infliger la peine de la suspension prononcée actuellement d'une manière absolument discrétionnaire par le gouvernement, en vertu de l'art. 9, § 4, de la loi de 1849. Le droit de saisie préventive découlant de ce même article passe aussi à l'autorité judiciaire, mais ne pourra s'exercer que sous la condition formelle qu'une infraction aura été commise dans les termes étroits des art. 2 et 3 de la proposition de loi.

Enfin, les deux derniers articles contiennent des dispositions importantes qu'il suffira d'énumérer. L'art. 5 confère aux tribunaux correctionnels la compétence exclusive à l'égard de tous les délits prévus et réprimés par la proposition; il se réfère aux art. 64 et 65 de la loi du 29 juillet 1881 et relatifs aux circonstances atténuantes ainsi qu'à la prescription de l'action publique; il abroge la loi du 5 août 1914 tendant à réprimer les indiscrétions de la presse en temps de guerre et le § 4 de l'art. 9 de la loi du 9 août 1849. Quant à l'art. 6, il limite au temps de guerre l'application de la loi qui cesse d'être en vigueur, dès que la période des hostilités se trouve suspendue par un armistice.

L'analyse à laquelle nous venons de procéder permet de constater : pour une part, que la commission a édifié une œuvre élaborée avec beaucoup de soin; pour l'autre, qu'elle a fait les plus grands efforts pour atteindre le but qu'après mûre réflexion elle s'était proposé. Mais diverses circonstances l'ont amenée à modifier sur certains points ses premières vues et à opérer les quelques rectifications de textes que nous allons indiquer.

Lors de son audition par la commission, M. Briand avait critiqué la disposition de l'art. 1er qui mettait le pouvoir de censure sur la presse parisienne entre les mains du ministre de l'Intérieur : il revendiquait cette attribution au profit du président du Conseil, chef du gouvernement. La commission n'a pas cru devoir déférer entièrement à ce désir, et elle s'est bornée à substituer au ministre de l'Intérieur, le préfet de police, qui, agent du gouvernement tout entier, est placé sous l'autorité du président du Conseil.

Le même article a été complété par une disposition tendant à imposer à l'autorité chargée de la censure l'obligation de donner son visa dans un délai maximum de deux heures, et cela pour faire droit à une légitime préoccupation manifestée par le Syndicat de la presse départementale.

Les art. 4 et 5 ont subi aussi d'importantes modifications. Ainsi la peine accessoire de la suspension a été supprimée, à la suite de la protestation du Syndicat de la presse parisienne qui en contestait l'utilité et alléguait, non sans raison, que les principales et sévères sanctions pénales édictées par la proposition de loi constituaient une répression suffisante.

D'un autre côté, toutes les dispositions relatives à la juridiction et à la saisie préventive ont été éliminées comme superflues, en raison de la doctrine de la Cour de cassation renfermée dans un arrêt sur pourvoi de la Chambre criminelle du 18 février 1915. Cet arrêt, en effet, repoussant un moyen fondé sur l'art. 61 de la loi du 29 juillet 1881 dispensant un prévenu de délit de presse, de consigner l'amende et de se mettre en état, moyen invoqué par un inculpé d'infraction à la loi sur les indiscrétions de presse en temps de guerre, portait qu'il s'agissait d'un délit spécial prévu par une loi qui ne contenait aucune référence à la procédure spéciale instituée par la loi de 1881 ; d'où il suivait que le requérant était assujetti aux règles ordinaires du Code d'instruction criminelle. Or, la proposition de loi était destinée à remplacer la loi du 5 août 1914, de telle sorte qu'elle devait se trouver régie par le droit commun, comme la dite loi du 5 août, en ce qui touche la juridiction et la répression des délits, et sans qu'il fût nécessaire de le spécifier.

En réalité, ces divers changements n'altéraient en rien la conception de la commission.

L'examen critique des dispositions que nous avons passées en revue, serait susceptible de donner lieu à bon nombre d'observations, mais nous nous en abstiendrons, en laissant ce soin aux orateurs de la Chambre qui ont pris part à la discussion générale et, s'il est passé ultérieurement à la discussion des articles, à ceux qui participeront au débat. Ainsi que nous l'avons indiqué, cette discussion générale s'est produite devant la Chambre des députés, dans les séances des 21 et 25 janvier dernier; il nous reste à résumer les thèses qui ont été développées à la tribune, ainsi que les arguments sur lesquels elles ont été appuyées (1).

(1) Les principaux orateurs qui ont participé à la discussion générale sont, en dehors du rapporteur de la proposition et du président du Conseil : MM. Andrieux et Jules Roche, puis MM. Lafferre, Chaumet, Émile Constant, Molle, Ch. Bernard, Drelon, Ernest Lafont.

IV

Ce n'est pas une tâche très aisée de résumer ce débat parlementaire où les questions s'enchevêtrent, où les divers orateurs traitent à tour de rôle le même sujet et argumentent dans un sens ou dans l'autre avec plus ou moins de précision, où enfin abondent des développements qui, au point de vue où nous nous sommes placé, ne présentent pas la même valeur ni le même intérêt que pour une assemblée politique dont il s'agit d'entraîner les votes.

Dans un but de clarté et afin de ne pas allonger outre mesure cette étude déjà trop étendue, nous nous efforcerons d'exposer successivement, en condensant le plus possible et en les groupant, les vues exposées par les orateurs, d'abord sur la censure et ensuite sur la loi organique du 9-11 août 1849.

Qu'il s'agisse des partisans ou des adversaires de la proposition de loi tendant notamment, comme nous l'avons indiqué, à légaliser le contrôle exercé par le gouvernement sur la presse et autres publications, et à enserrer ce contrôle dans des limites bien circonscrites, tous s'accordent pour reconnaître que la censure préalable n'a aucune existence légale. Tous soutiennent, qu'abolie depuis longtemps, sa suppression a été encore implicitement confirmée par la loi du 29 juillet 1881 proclamant l'entière liberté de la presse et que la loi du 5 août 1914 n'a pas porté atteinte au principe fondamental de cette loi, puisqu'elle ne tendait qu'à réprimer et non à prévenir les indiscrétions de la presse en temps de guerre. Quant à la loi de 1849 sur l'état de siège, elle aussi est purement répressive et n'institue pas, au profit de l'autorité militaire, le droit de censure préalable lequel, d'ailleurs, n'existait plus à cette époque dans la législation sur la presse. Même l'orateur du gouvernement, qui n'était autre que le président du Conseil, partageait cette opinion, mais prétendait en même temps qu'il n'y avait pas en réalité de censure, mais seulement un *régime spécial* de la presse motivé par l'état de guerre. — Son prédécesseur, on s'en souvient, avait qualifié ce régime de *censure civile*.

Si néanmoins la censure, — car c'est bien le nom qu'il convient de donner au contrôle gouvernemental, — a fonctionné en fait, c'est seulement par suite du pacte intervenu entre le gouvernement et les représentants de la presse. Mais ce pacte ne s'appliquait qu'au contrôle des informations visées par la loi de 1914, c'est-à-dire d'ordre diplomatique et militaire. Pour toutes les autres informations n'ayant pas ce caractère, aucune dérogation au régime de la loi de 1881 n'a été prévue et n'aurait été consentie; en sorte, qu'à leur égard, toute liberté demeure entière et la censure ne peut s'étendre à elles. Aussi bien, cette liberté doit exister bien moins dans l'intérêt des journalistes, que pour la garantie des intérêts supérieurs et vitaux de la nation.

A ce propos, on a fait une citation assez piquante, parce qu'elle était empruntée à l'exposé des motifs d'un projet de loi de la Restauration sur la presse, devenue la loi du 14 avril 1828, lequel exposé disait : « La publicité est l'âme du gouvernement et les journaux les instruments nécessaires de la publicité. Pour que la publicité soit efficace, il importe que ses organes soient sincères : le privilège ou la dépendance les vicie; ils doivent être préservés de l'un par la concurrence et *affranchis de l'autre par l'abolition de tout examen préalable.* » On aurait pu aussi bien invoquer l'autorité de Benjamin Constant et de Châteaubriand, qui par la parole et par la plume s'étaient vivement élevés, en 1816 et 1817, contre la censure et en avaient montré les inconvénients dans une monarchie constitutionnelle : « Point de Gouvernement représentatif, disait Châteaubriand, sans liberté de la presse. » En faisant la citation ci-dessus, l'orateur ne se proposait que de rappeler des principes déjà admis à cette lointaine époque, par un gouvernement qui n'était rien moins que libéral, et que de les invoquer en faveur de la liberté pour toutes les informations ne rentrant pas dans la catégorie de celles que visait la loi du 5 août 1914. En ce qui concernait ces dernières, il admettait un examen préalable dans les conditions stipulées par la proposition de loi.

Mais il s'est rencontré des partisans de la liberté absolue de la presse en temps de guerre aussi bien qu'en temps de paix. Les uns ont soutenu que le gouvernement n'avait pas le droit de recourir à la censure, même en s'appuyant sur une entente avec des syndicats ou des associations de journalistes. Un contrat de cette nature, eût-il été passé par des mandataires habilités à cet effet, — et ce n'était pas le cas, — ne pouvait prévaloir contre la loi; et pour changer une législation, pour lier le gouvernement, la Chambre et le pays, il fallait l'intervention du Parlement tout entier. Les autres alléguaient qu'il convenait de faire confiance à la liberté, parce que les critiques étaient utiles et servaient les intérêts de la défense nationale et que la censure « n'est pas mieux inspirée quand elle permet que quand elle interdit », ainsi qu'en fournissaient la preuve les communiqués puérilement dangereux du début de la guerre et toutes les informations fantaisistes sur la santé du kaiser, la situation économique de l'Allemagne, etc. Il est à peine besoin d'indiquer que ces derniers se montraient radicalement hostiles à la proposition de loi. On doit ajouter qu'elle rencontra également une vive opposition de la part de députés qui ne se ralliaient pas à la thèse d'une complète liberté de la presse en temps de guerre comme de la part du gouvernement, et qu'elle souleva des critiques que nous allons passer en revue.

L'opposition des députés qui ont combattu la proposition, était principalement fondée sur ce fait que pour mettre obstacle à la censure politique, elle donnait une base légale à une autre censure qui en était dépourvue. Or, objectait-on, il était inutile de recourir à ce singulier moyen, alors que pour faire cesser l'exercice de la censure politique, il suffisait d'invoquer la loi. D'autre part, pouvait-on sérieusement espérer que la proposition serait efficace et contraindrait un gouvernement qui violait ouvertement la législation existante? Il ne respecterait pas davantage la loi nouvelle et, sans aucun profit, on aurait rétabli une censure qu'on croyait à jamais disparue de nos codes. Au surplus, il y a parfois quelque difficulté à distinguer entre ce qui est d'ordre diplomatique ou militaire et ce qui est d'ordre politique, si bien que fatalement la censure réduite débordera, s'étendra au delà des limites assignées par la proposition, et on aura ouvert un droit dangereux dont tout gouvernement abusera pour couvrir ses fautes et échapper à sa responsabilité. Enfin, d'autres trouvaient que le régime de l'entente verbale était encore la meilleure solution et repoussaient la proposition, par le motif qu'ils ne voulaient à aucun prix d'une législation nouvelle consacrant une censure quelconque. Un texte semblable à celui que présentait la commission, même limité à la durée de la guerre, pouvait être plein de périls dans des circonstances nouvelles. Telle était aussi la manière de voir du gouvernement, qui concluait au maintien du *statu quo* pour les raisons que nous résumerons plus loin, estimant préférable de ne pas morceler l'argumentation ministérielle et de laisser groupés les griefs qu'il a articulés contre la proposition de loi.

En dehors de la limitation de la censure, la proposition avait poursuivi le but de parvenir à la suppression des mesures administratives de saisie et de suspension des journaux, et de confier la répression à l'autorité judiciaire qu'elle substituait au pouvoir politique. On se rappelle les vives et incessantes récriminations à cet égard, des associations de presse, qui déniaient au gouvernement le droit de recourir à ces mesures, tandis que celui-ci prétendait, au contraire, agir légalement en vertu de la loi de 1849 sur l'état de siège. La question, déjà abordée dans la discussion du 4 mars dont nous avons parlé, a fait l'objet d'un examen plus approfondi et donné lieu à une controverse intéressante.

Le plus grand nombre des orateurs ont soutenu que la prétention du gouvernement n'avait pas de fondement, et voici les deux arguments principaux qui ont été développés.

Dans le premier, on raisonnait ainsi : L'un des effets essentiels de la loi sur l'état de siège est, aux termes de l'art. 7, de faire passer tout entiers à l'autorité militaire les pouvoirs dont l'autorité civile est revêtue pour le maintien de l'ordre et de la police; de telle sorte que l'autorité militaire n'est investie que de ces pouvoirs et non de pouvoirs plus étendus. Or, l'art. 9, § 4, de la loi de 1849 a été virtuellement abrogé par la loi de 1881 sur la liberté de la presse, par la raison que cette loi n'a conféré à personne le droit d'interdiction ou de suspension, ni à l'autorité judiciaire, ni à l'autorité administrative; conséquemment, il n'y a pas lieu à transmission de pouvoirs à l'autorité militaire, qui, ne les puisant pas à la source de l'art. 7, se trouve dépossédée du droit imparti par l'art. 9.

La valeur de cet argument semble, à la vérité, assez contestable, car on serait fondé à prétendre qu'il ne s'agit pas d'une dévolution en vertu de l'art. 7 de la loi de 1849, de pouvoirs appartenant à l'autorité civile, mais bien de l'attribution directe à l'autorité militaire de pouvoirs exceptionnels propres, attribution caractérisée par cette formule catégorique d'investiture qu'emploie l'art. 9 : « *L'autorité militaire a le droit* de faire et d'ordonner ce qui est spécifié dans les trois premiers numéros de l'article » ; 4° « d'interdire les publications et les réunions qu'elle juge de nature à exciter ou à entretenir le désordre. » Et la preuve que dans la pensée du législateur il n'y avait pas de corrélation entre l'art. 7 et l'art. 9, c'est qu'il ne rentrait pas dans les pouvoirs de l'autorité civile de faire discrétionnairement, comme le permet à l'autorité militaire cet art. 9, des perquisitions de jour et de nuit, d'éloigner les individus non domiciliés dans les lieux soumis à l'état de siège, *d'interdire* purement et simplement des publications (1), la législation de l'époque sur la

(1) La question de la nature et de l'étendue des pouvoirs que l'autorité militaire tient de l'art. 9, § 4, de la loi de 1849 a été élucidée en 1873 et 1874.

L'autorité militaire a le droit de saisir un journal en vertu de cet article (Tribunal des conflits, 26 juillet 1873).

Elle a le droit de supprimer un journal dans le but d'interdire sa publication, et non pas seulement de le suspendre momentanément comme le prétendait

presse (loi du 27 juillet 1849) n'admettant pas la suppression d'un journal, mais seulement la suspension temporaire comme peine accessoire d'une condamnation judiciaire et pour une durée variant entre dix jours et deux mois.

Le second argument était également tiré de la loi de 1881 et de l'art. 68 de cette loi qui abrogeait « les édits, lois, décrets, ordonnances, arrêtés, règlements, *déclarations généralement quelconques*, relatifs à l'imprimerie, à la librairie, à la presse périodique, etc. ». Cette abrogation si minutieusement spécifiée, englobant toutes les dispositions contenues dans n'importe quels textes antérieurs relatifs à la presse, n'avait pu épargner le § 4 de l'art. 9 de la loi de 1849 qui se trouvait dès lors aboli. Du reste, les déclarations faites à la Chambre par le rapporteur de la loi fournissaient la preuve qu'en édictant l'art. 68, le législateur s'était bien proposé de ne rien laisser subsister des législations du passé concernant la presse. « Le principe d'abrogation, disait-il, est absolu, il ne fait grâce à rien. » Il n'a pas pu faire grâce à une disposition de loi qui permettait le recours à des mesures aussi graves que l'interdiction et la suppression des publications.

On ne saurait contester la force, tout au moins apparente, de cet argument; cependant, on a dirigé contre lui une objection qui, elle aussi, n'est pas dépourvue de valeur. Sans doute, fut-il répliqué, la formule d'abrogation tend à abolir toutes les dispositions antérieures visant la presse, néanmoins il est surprenant que le législateur, se trouvant en présence d'une loi aussi formelle que la loi sur l'état de siège, ne l'ait pas visée expressément.

Effectivement, les formules abrogatives des lois concernant la presse ne se bornent pas, en général, à abolir les législations antérieures; elles spécifient en outre les dispositions principales atteintes par cette abolition. C'est ce que font, par exemple, le décret organique sur la presse des 17-23 février 1852, la loi relative à la presse du 11 mai 1868 et la loi du 15 avril 1871 relative aux poursuites à exercer en matière de délits commis par la voie de la presse.

A cet égard, la loi de 1871 constitue un exemple topique, car son art. 6 a un caractère de généralité qui le rend comparable à l'art. 68

---

l'auteur d'un recours pour excès de pouvoirs contre une suppression prononcée par l'autorité militaire (C. d'État, 5 juin 1874).

La suspension d'un journal (suspension de 3 mois, dans l'espèce) constitue une mesure de haute police administrative qui a été prise par le général commandant l'état de siège, dans l'exercice et les limites des pouvoirs à lui conférés comme représentant de la puissance publique (Tribunal des conflits, 28 nov. 1874).

de la loi de 1881 : « Sont abrogées toutes les dispositions contraires à la présente loi, contenues *dans tous les actes législatifs antérieurs.* » Cette formule aurait suffi ; néanmoins, l'article ajoute : « Notamment dans le décret du 17 février 1852 et la loi du 11 mai 1868. »

Nous mentionnerons enfin l'argument tiré de l'objet de la loi de 1849 que nous avons déjà eu l'occasion de signaler. Cette loi ne pouvait être invoquée contre la presse, parce qu'elle n'avait pas été faite pour un état de guerre avec l'étranger, mais pour parer aux dangers de la guerre civile et ainsi que l'exposait Odillon-Barrot, promoteur de la loi, « pour poursuivre la violence et punir l'appel aux armes et la provocation à la violence; pour punir l'écrivain qui dit au public : « courez aux armes », qui dit aux ouvriers : « descendez » dans la rue, prenez vos fusils ». Il est à remarquer qu'à défaut de ces déclarations explicites, l'art. 9 aurait suffi à lui seul pour caractériser la loi, tant les pouvoirs exceptionnels qu'il confère à l'autorité militaire s'adaptent exactement aux troubles intérieurs et aux nécessités qu'ils entrainent en vue de les entraver ou de les faire cesser.

Quoi qu'il en soit, puisque le gouvernement, malgré toutes les raisons invoquées par la presse, avait persisté à s'appuyer sur la loi de 1849 pour opérer les saisies et les suspensions de journaux, puisqu'il considérait que le § 4 de l'art. 9 de la dite loi était toujours en vigueur en dépit même de la loi de 1881, le seul moyen de trancher le différend consistait à insérer dans la proposition de loi la disposition formellement abrogative qui s'y rencontre.

La tâche du président du Conseil, qui s'était chargé d'exposer les vues du gouvernement sur les questions soulevées par la proposition de loi, n'allait pas, comme on peut en juger par ce qui précède, sans présenter quelques difficultés. On est tombé généralement d'accord pour admirer l'habileté avec laquelle il l'a remplie et consistant surtout, fut-il écrit, « à multiplier les diversions, à escamoter le sujet et à réaliser un chef-d'œuvre d'imprécision ». Il y a une part de vérité dans cette appréciation; on en constate la justesse quand on tente l'analyse un peu serrée et la condensation du discours de M. Briand. Que dans le domaine de la doctrine, les thèses des orateurs soient presque inattaquables, il n'y contredit pas; mais la France est en guerre, mais les circonstances sont exceptionnelles, et cela suffit pour tout justifier : c'est le thème qui formera le fond de ses développements oratoires et ralliera, finalement, la Chambre à sa manière de voir.

Nous avons déjà marqué la répugnance que l'orateur éprouve pour ce vilain mot de censure dont on s'est tant servi dans le débat et auquel il substitue le qualificatif de « régime spécial ». Il y a certes beau temps que l'odieuse institution des régimes passés est abolie; il n'a pas plus de tendresses pour elle que ses contradicteurs, et le principal reproche qu'il adresse à la proposition de loi depuis le début de la discussion, c'est précisément qu'elle rétablit une censure. Elle s'efforce, il est vrai, de restreindre cette censure à une certaine catégorie d'informations dénommées diplomatiques et militaires, sans indiquer toutefois le critérium qui servira à les reconnaître, non plus que les moyens dont disposera le gouvernement pour appliquer la loi sans tomber dans l'arbitraire. Combien d'ailleurs il est difficile d'établir nettement une ligne de démarcation entre les informations visées par la proposition et d'autres qu'on veut soustraire au contrôle gouvernemental! Prétendrait-on par exemple, demande M. Briand, ne pas assujettir à l'examen préalable un article qui ne contiendrait pas de nouvelles dangereuses provenant d'une agence ou d'un correspondant, mais dont l'auteur les enveloppera de considérations et de commentaires et qui signera? Le gouvernement doit avoir une plus grande latitude, parce que la *tenue morale* du pays est aussi nécessaire au succès final que l'héroïsme des soldats et la puissance des moyens d'action.

Il y a bien d'autres considérations intéressantes dans ce discours ministériel, mais nous ne saurions les exposer ici. Aussi bien, suffira-t-il pour faire ressortir toutes les faces du problème de s'attacher plus particulièrement aux dernières critiques que le président du Conseil a adressées à la proposition.

Elle stipule, par exemple, que désormais les journaux ne soumettront plus à l'examen préalable leurs morasses, mais seulement les nouvelles, les informations d'ordre diplomatique et militaire. Ainsi serait exonéré de la censure un article signé qui renfermerait dans ses développements une de ces informations. Que ferait alors le gouvernement?

Plutôt que de déférer au désir exprimé par le président du Conseil de placer entre ses mains le pouvoir de censure, la proposition l'attribue au préfet de police qui n'est en aucune façon organisé pour une pareille besogne ni en mesure d'apprécier la portée d'une information diplomatique et militaire : c'est un singulier choix!

Si un journal a contrevenu à une défense de publier une information, la proposition admet bien le droit de saisir le journal, mais seulement par la voie judiciaire et non plus par la voie administrative. Mais avec les lenteurs inévitables de ce genre de saisie, avec toute sa complication, avant qu'elle ne soit effectuée, les numéros contenant les informations susceptibles de nuire à la défense nationale auront été répandus en grand nombre dans la circulation. Il existe, à la vérité, un moyen de remédier au péril d'une saisie tardive; il consiste à recourir au fameux art. 10 C. d'instr. crim. contre lequel tant d'énergiques protestations ont été formulées, et le gouvernement serait contraint de donner l'ordre aux préfets de s'en servir. Tel est le résultat auquel conduit le désir de la commission d'éviter l'arbitraire administratif.

A l'exemple de son prédécesseur, M. Briand affirme, mais sans prendre la peine de le prouver et de réfuter les arguments de ses contradicteurs, que le gouvernement possède le droit de puiser des armes contre la presse dans la loi de 1849, et qu'avec cette loi et celle du 5 août 1914, il est omnipotent. En sorte que si l'on n'avait pas établi le régime de l'accord verbal, il aurait pu, au moment de la publication, saisir légalement les journaux contenant un article ou une nouvelle quelconque jugé de nature « à porter atteinte à l'ordre public, à troubler le moral du pays, à inquiéter les esprits, à ébranler la confiance des citoyens », les saisir, les suspendre et poursuivre en conseil de guerre.

Enfin, le président du Conseil s'est élevé avec force contre l'abrogation pure et simple et générale du § 4 de l'art. 9 de la loi de 1849. Cette abrogation aurait une bien grave conséquence, car elle entraînerait la suppression des effets de l'état de siège en matière de presse, même dans la zone des armées; et ainsi, certains articles susceptibles de troubler le moral des hommes pourraient pénétrer dans les tranchées, ce qui est absolument inadmissible.

En résumé, M. Briand trouvait inacceptable dans ses termes la proposition de loi issue des travaux de la commission; il estimait qu'on s'était montré sévère et injuste pour un système improvisé, d'une application difficile et compliquée et qui, somme toute, comptait à son actif beaucoup plus d'avantages que d'inconvénients, notamment au point de vue de la tranquillité publique; il concluait enfin au maintien du régime de l'accord verbal, qu'il promettait d'ailleurs, de rendre le moins rigoureux possible.

Après cet important et habile discours, servi par des moyens oratoires et une puissance de séduction incomparables, la cause qu'il soutenait était inévitablement gagnée. C'est en vain que le rapporteur jeta du lest en abandonnant, sans y avoir été autorisé par la commission, la partie de la proposition relative à la censure et qu'il se borna à réclamer, mais avec les plus vives instances, tout au moins le vote immédiat des deux premiers articles; en vain qu'il fit remarquer qu'en réalité la saisie administrative n'était pas plus active ni plus efficace que la saisie judiciaire, et qu'en fait, ces saisies avaient été presque toujours pratiquées jusqu'ici en cours de distribution ou après la distribution. C'est en vain qu'il s'efforça de réfuter l'argument tiré du recours à l'art. 10 C. instr. crim. présenté comme un épouvantail et qu'il en opposait les avantages à la saisie brutale, sans aucune condition, sans aucun recours légal, de la loi de 1849; en vain, enfin, que le vice-président de la commission vint défendre l'œuvre que celle-ci avait élaborée avec le plus grand soin et demander que la Chambre voulût bien passer à la discussion des articles ou renvoyer au moins à quinzaine la suite du débat, pour permettre la production des amendements tendant à améliorer la proposition. Tous ces efforts furent inutiles, et la Chambre, à une forte majorité, prononça le renvoi pur et simple à la Commission de la législation civile et criminelle de la proposition. Reviendra-t-elle jamais en discussion?

Avec cet exposé copieux, réduit pourtant dans la mesure strictement nécessaire pour présenter sous ses divers aspects cette question si complexe et si ardue du régime de la presse en temps de guerre, on pourra peut-être se former une conviction. Nous n'éprouvons, quant à nous, aucun embarras à confesser notre grande perplexité. Il semble bien que la principale source de difficultés avec lesquelles on est aux prises depuis tant de mois, réside dans l'absence d'une législation appropriée aux situations spéciales qui résultent d'une guerre étrangère évoluant sur notre territoire ou en pays ennemi, et d'une législation complète, — car il y a bien d'autres problèmes à résoudre que celui de la presse, — mûrement étudiée et délibérée dans le calme de la paix.

Il n'est pas excessif d'émettre l'avis que les armes que le gouvernement a cru devoir puiser, à toute éventualité, dans la plus rude loi d'exception que renferment nos codes ou qu'il a forgées à la hâte, présentent par quelque côté des défectuosités, ou ne s'adaptent pas bien à l'état de guerre, ou ne se concilient pas assez avec les mœurs, le régime politique, les besoins survivant malgré tout et certains droits garantis par les lois. Ces inconvénients eussent été facilement supportés si, comme tant de personnes le présumaient pour les guerres futures, en se fondant sur l'abondance, l'affreuse variété et les terribles effets des moyens modernes de destruction, la durée de la guerre actuelle eût été très courte. Mais leur poids s'est fait davantage et lourdement sentir, au fur et à mesure que la guerre se prolongeait et que la vie nationale, en dépit des événements, reprenait une activité indispensable.

Il est permis, d'autre part, en se plaçant au point de vue des principes, de taxer d'anomalie singulière cette suspension du régime légal, bon ou défectueux, qui a été institué, et son remplacement par un système reposant sur un accord verbal, sur une sorte de pacte intervenu entre le pouvoir exécutif et des parties intéressées telles que des associations de presse : rien ne prouve mieux l'infirmité du régime légal résidant, soit dans certaines lacunes des lois, soit dans les conséquences trop meurtrières de leur application.

Enfin, on n'a, semble-t-il, pas attaché assez de prix à l'intéressante et difficile tentative faite par la Commission de la législation civile et criminelle, de régulariser une situation anormale, d'améliorer la législation existante, de rétablir autant que possible les règles du droit commun et de réagir contre les mesures arbitraires. Quoi qu'en aient pensé et dit les rares partisans d'une liberté absolue de la presse, la censure, en temps de guerre, nous paraît comme à tant d'autres entièrement justifiée, absolument indispensable même, et tous les pays belligérants l'ont établie. S'il en est ainsi, pourquoi cette si grande répugnance à lui donner une existence légale? Pourquoi cette indignation contre un projet de cette nature? Nous n'ignorons pas les arguments qu'on fait valoir d'ordinaire contre les lois qui prévoient et règlent les mesures applicables aux situations exceptionnelles et qu'on objecte qu'elles sont périlleuses pour la liberté. Mais, ainsi qu'on y a répondu, c'est précisément à cause de ces périls qu'il est nécessaire de régler l'emploi d'un pouvoir exorbitant et dangereux, et de faire intervenir la loi protectrice et restrictive. Toute la question est de savoir quelle étendue il convient d'assigner à la censure, pour assurer la défense des intérêts dont la sauvegarde justifie son établissement, et c'est assurément un problème fort délicat.

En conformité avec la loi du 5 août 1914 et avec l'accord verbal intervenu, la commission a pensé que la censure ne devait s'occuper que des intérêts de la défense nationale; toutefois, il y a diverses manières de les comprendre. D'après la proposition de loi, le but était atteint en déférant seulement à la censure les nouvelles ou informations diplomatiques et militaires; le président du Conseil, non seulement a démontré l'insuffisance de la formule, mais encore développé une thèse d'après laquelle sa conception des intérêts de la défense nationale élargissait considérablement le champ de la censure et l'étendait à bien d'autres objets que les informations ou articles se rattachant directement à des questions diplomatiques et militaires. N'a-t-il pas, en effet, fait allusion à la tenue morale du pays et ajouté que « quand la guerre doit durer longtemps, la principale munition pour remporter la victoire, c'est le calme, le sang-froid du pays » et qu'il importe qu'ils ne soient pas troublés ou affaiblis par des discussions dangereuses. La censure devrait donc, selon lui, s'exercer sur tout ce qu'elle estime susceptible de produire une agitation, d'ébranler ou de rompre « l'union sacrée ».

C'est peut-être une nécessité, bien que dans son ensemble la presse française, consciente de ses devoirs, ait montré depuis la guerre une prudence, une modération, une réserve tout à fait remarquables et observé une tenue que sans exagération M. Briand a pu qualifier d'admirable. Mais la formule est bien large, bien élastique et permettrait, ainsi qu'on l'a vu, toutes les entreprises contre la liberté de la presse, contre une certaine liberté, désirable, à nos yeux, d'information, d'appréciation et de critique, même exercée avec mesure. Il faudrait donc, pour éviter de pareils abus qui ont soulevé de si violentes tempêtes, une censure éclairée, libérale, impartiale et soucieuse au plus haut point de ne pas recourir à une sévérité inutile et vexatoire. M. Briand a dit dans son discours, « que le chêne de saint Louis ne suffisait pas tout seul pour rendre la justice », et un député a cru compléter sa pensée en ajoutant : « Il fallait saint Louis. » Sans réclamer tant de vertus et de garanties, ni un saint, ni un roi, souhaitons, si le régime actuel de la presse doit être conservé, de posséder un service de censure pourvu de toutes les rares qualités que nous avons énumérées !

10 mars 1916. F. HENNEQUIN.

IMPRIMERIE CHAIX, RUE BERGÈRE, 20, PARIS. — 5870-5-16. — (Encre Lorilleux).

www.ingramcontent.com/pod-product-compliance
Ingram Content Group UK Ltd.
Pitfield, Milton Keynes, MK11 3LW, UK
UKHW012307240726
13966UKWH00004B/1704